Mi libro de
la Reconciliación

MY OWN RECONCILIATION BOOKLET

Nombre
Name

Mi primera celebración del sacramento de la Reconciliación:

My first celebration of the Sacrament of Reconciliation:

Fecha
Date

Parroquia
Parish

Ciudad
City

Estado
State

Soy amigo de Dios

Dios sabe que soy alguien muy especial para él. Soy amigo de Dios.

A veces tomo decisiones que no demuestran mi amor por Dios o por las demás personas. Esto daña mi amistad con Dios. Peco.

Cuando peco, puedo decirle a Dios lo siguiente para hacerle saber que estoy arrepentido.

_____

_____

_____

_____

_____

_____

I Am God's Friend

I know that I'm special to God. I'm his friend.

Sometimes I make a choice that doesn't show love for God or others. This hurts my friendship with him. I sin.

When I sin, I can say this to let God know that I'm sorry.

_____

_____

_____

_____

_____

_____

_____

Dios me perdona mediante el sacramento de la Reconciliación.

Dibuja dentro del marco tu rostro de felicidad.

Draw your happy face in the frame.

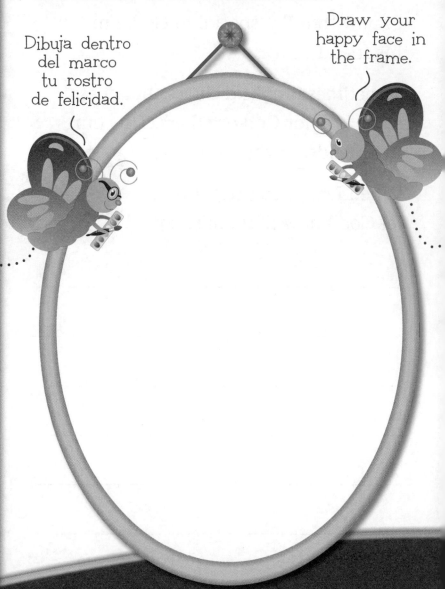

Este es mi rostro de felicidad después de haber dicho "lo siento".

God forgives me in the Sacrament of Reconciliation.

This is my happy face after
I say "I'm sorry."

Me preparo para el sacramento de la Reconciliación

Puedo celebrar el sacramento de la Reconciliación de dos maneras diferentes: con la comunidad o individualmente.

Puedo confesar mis pecados al sacerdote de dos maneras: frente a frente o a través de una rejilla.

I Prepare for the Sacrament of Reconciliation

I can celebrate the Sacrament of Reconciliation in two ways: with the community or individually.

I can confess my sins to the priest in two ways: face-to-face or from behind a screen.

Primero invoco al espíritu Santo para que me ayude. Puedo hacerlo con las siguientes palabras.

Espíritu Santo,

tú me enseñas cómo amar.

Ayúdame a darme cuenta de cuándo

Puedes colorear estas palabras.

no he **amado**. Ayúdame

a **confesar** mis pecados y

pedir ser **perdonado**.

Amén.

O Puedo decirlo con mis propias palabras.

Espíritu Santo, _____

_____

_____

_____

_____.

But first I pray to the Holy Spirit for help.
I can pray with these words.

You can color these words.

Holy Spirit,

you show me how to love. Help me know

when I have failed to **love**. Help me

confess my sins and ask for

forgiveness.

Amen.

Or I can use my own words.

Holy Spirit, _____

_____

_____

_____

_____

_____

Hago un examen de conciencia

Repaso los Diez Mandamientos. Me hago preguntas como estas.

Mi relación con Dios

¿Me acuerdo de orar todos los días?

¿Presto atención durante la misa y participo en ella?

¿Uso irrespetuosamente el nombre de Dios o de Jesús cuando me molesto?

I Make an Examination of Conscience

I review the Ten Commandments. I ask myself questions like these.

My Relationship with God

Do I pray to God each day?

Do I pay attention and do my part at Mass?

Do I use God's name or Jesus' name when I am angry?

Mi relación con otras personas

¿Obedezco a mis padres y maestros?

¿Obedezco las reglas de mi escuela y familia?

¿Trato a las demás personas con justicia?

¿Me burlo de otras personas?

¿Me peleo en casa o en la escuela?

¿Cuido mis cosas y las de los demás?

Reconozco en mi interior los pecados que debo confesar. Ahora estoy preparado para celebrar el sacramento de la Reconciliación.

My Relationship with Others

Do I obey my parents and teachers?

Do I follow the rules at school and at home?

Do I treat others fairly?

Do I make fun of others?

Do I fight at home or on the playground?

Do I take care of my belongings and those of others?

I name to myself the sins I need to confess. Now I am ready to celebrate the Sacrament of Reconciliation.

Rito de la reconciliación individual

El sacerdote me da la bienvenida en nombre de Jesús.

Juntos hacemos la señal de la cruz.

El sacerdote me invita a confiar en la misericordia y el amor de Dios.

Respondo:

Ayúdame a trazar las letras.

AMÉN.

Individual Rite
of Reconciliation

The priest welcomes me in Jesus' name.

I pray the Sign of the Cross.

The priest invites me to trust in God's mercy and love.

I answer:

Help me trace the letters.

AMEN.

Es probable que el sacerdote
lea un pasaje de la Biblia
o me pida que yo lo lea.

Yo mismo he ayudado a colorear este
dibujo del relato bíblico del Buen Pastor.

The priest may read God's Word in the Bible. Or he may ask me to read it.

I helped color this picture of the Good Shepherd story from the Bible.

Confieso mis pecados. El sacerdote me escucha. Él me ayuda a pensar qué puedo hacer para reparar las consecuencias de los pecados que he cometido y cómo puedo comportarme mejor en el futuro.

A continuación el sacerdote me asigna una penitencia. Esta puede ser alguna oración u obra caritativa.

I confess my sins. The priest listens. He helps me think about ways to make up for what I did and to do better in the future.

Then the priest gives me a penance. It may be a prayer to pray or a good deed to do.

Le digo a Dios que estoy arrepentido de mis pecados. Recito el Acto de contrición.

Señor mío Jesucristo,
Dios y hombre verdadero,
Creador, Padre y Redentor mío.
Por ser tú quien eres, Bondad infinita,
y porque te amo sobre todas las cosas,
me pesa de todo corazón haberte ofendido.
También me pesa que puedas castigarme
con las penas del infierno.
Ayudado de tu divina gracia propongo
firmemente nunca más pecar, confesarme y
cumplir la penitencia que me fuera impuesta.

I tell God I am sorry for my sins.
I pray the Act of Contrition.

My God,
I am sorry for my sins with all my heart.
In choosing to do wrong
and failing to do good,
I have sinned against you
whom I should love above all things.
I firmly intend, with your help,
to do penance,
to sin no more,
and to avoid whatever leads me to sin.
Our Savior Jesus Christ
suffered and died for us.
In his name, my God, have mercy.

Si lo deseo, puedo usar mis propias palabras para decir que estoy arrepentido. Podría decir la siguiente oración.

Querido Dios:
Me arrepiento de_____
_____
_____.

Ayúdame a_____
_____
_____.

Amén.

If I'd like, I can use my own words to say I'm sorry. This is a prayer I might pray.

Dear God,
I am sorry_____

_____

_____.

Help me_____

_____

_____.

Amen.

El sacerdote pronuncia las palabras de absolución de los pecados.

Dios, Padre misericordioso,
que reconcilió al mundo consigo
por la muerte y la resurrección de su Hijo
y envió al Espíritu Santo para el perdón
   de los pecados,
te conceda, por el ministerio de la Iglesia,
el perdón y la paz.
Y yo te absuelvo de tus pecados,
en el nombre del Padre, y del Hijo,
y del Espíritu Santo.

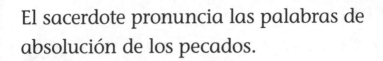

Respondo:

AMÉN.

The priest prays the words of absolution.

God, the Father of mercies,
through the death and resurrection of his Son
has reconciled the world to himself
and sent the Holy Spirit among us
for the forgiveness of sins;
through the ministry of the Church
may God give you pardon and peace,
and I absolve you from your sins
in the name of the Father, and of the Son,
and of the Holy Spirit.

I answer:

AMEN.

Mis pecados me son perdonados. Me he reconciliado con Dios y con la Iglesia.

El sacerdote me invita a darle gracias a Dios. A continuación, me dice: "Vete en paz" o algo similar. Contesto:

Amén.

Puedo terminar diciéndole:

Gracias, padre.

My sins are forgiven. I am reconciled with God and with the Church.

The priest invites me to give thanks to God. He then says "Go in peace" or other words like that. I answer:

Amen.

I might also say:

Thank you, Father.

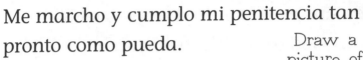

Me marcho y cumplo mi penitencia tan pronto como pueda.

Draw a picture of yourself praying.

Haz un dibujo de ti mismo orando.

Aquí estoy yo, orando, dándole gracias a Dios. Él me ama siempre.

I leave and do my penance as soon as possible.

Here I am praying in thanks to God.
He always loves me.

Rito de la reconciliación general con confesión individual

Canto inicial

Me reúno con mi comunidad parroquial. Juntos, con el sacerdote y todos los que estamos reunidos, entonamos un canto inicial.

Oración inicial

El sacerdote nos saluda y nos invita a todos a orar.

Respondemos:

Amén.

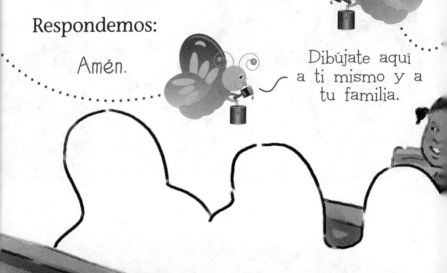

Draw yourself and your family here.

Dibújate aquí a ti mismo y a tu familia.

Aquí estoy con mi familia y mi comunidad parroquial.

Communal Rite of Reconciliation

Opening Song

I gather with the parish community. I join with the priest and all those gathered in singing a hymn.

Opening Prayer

The priest greets us and invites all to pray.

We respond:

Amen.

Here I am with my family and the parish community.

Celebración de la Palabra de Dios

Escucho atentamente las lecturas tomadas de la Sagrada Escritura. A continuación, escucho la homilía. La homilía me ayuda a entender mejor la Palabra de Dios.

Celebration of the Word of God

I listen carefully to the readings from Scripture. Then I listen to the homily. The homily helps me understand God's Word better.

Examen de conciencia

Me uno a la comunidad en la celebración del examen de conciencia. Es posible que el sacerdote o el diácono nos ayude haciéndonos algunas preguntas. Pensamos acerca de cómo hemos sido o no buenos seguidores de Jesús.

Examination of Conscience

I join the community in an examination of conscience. The priest or deacon may help us by asking questions. We think about how we have or have not been good followers of Jesus.

Confesión general de los pecados

A continuación, todos oramos esta u otra oración.

Yo confieso ante Dios todopoderoso,
y ante ustedes, hermanos,
que he pecado mucho
de pensamiento, palabra, obra y omisión.
Por mi culpa, por mi culpa, por mi gran culpa.
Por eso ruego a santa María siempre Virgen,
a los ángeles, a los santos
y a ustedes, hermanos,
que intercedan por mí ante Dios,
nuestro Señor.

General Confession of Sin

Then all pray this or another prayer.

I confess to almighty God
and to you, my brothers and sisters,
that I have greatly sinned,
in my thoughts and in my words,
in what I have done and in what I have failed to do,
   [And, striking their breast, they say:]
through my fault, through my fault,
through my most grievous fault;
therefore I ask blessed Mary ever-Virgin,
all the Angels and Saints,
and you, my brothers and sisters,
to pray for me to the Lord our God.

A continuación, el sacerdote o el diácono nos guía en nuestra petición a Dios de su misericordia y perdón. Junto con los demás, contesto:

Señor, escucha nuestra oración.

O quizá:

Señor, ten piedad.

A continuación, oramos juntos y en voz alta el Padrenuestro.

Next the priest or deacon leads us in asking for God's mercy and forgiveness. I answer with everyone:

We pray you, hear us.

Or I might answer:

Lord, have mercy.

Then we all pray the Lord's Prayer aloud.

Confesión individual y absolución

Espero mi turno para conversar con
el sacerdote. Entonces, le confieso mis
pecados en privado.

El sacerdote me escucha y me ayuda a
reflexionar acerca de diferentes maneras
de demostrar mi amor por Dios. A
continuación, me asigna una penitencia.

El sacerdote perdona mis pecados en
nombre de Dios, mediante las palabras de
la absolución. Al concluir la oración, digo:

AMÉN.

Individual Confession and Absolution

I wait for my turn to talk with a priest. Then I confess my sins in private.

The priest listens. He helps me think about ways to show my love for God. Then he gives me a penance.

The priest forgives my sins in God's name with the words of absolution. As the prayer ends, I say:

Proclamación de alabanza por la misericordia de Dios

Regreso a mi asiento para orar en silencio. Alabo a Dios por haberme regalado su perdón.

Oración final de acción de gracias

Las confesiones individuales han terminado. Cantamos u oramos juntos para darle gracias a Dios.

Proclamation of Praise
for God's Mercy

I return to my place and pray quietly.
I praise God for his gift of forgiveness.

Concluding Prayer of Thanksgiving

Then the individual confessions are over.
We sing or say a prayer together to give
thanks to God.

Rito de conclusión

El sacerdote nos bendice. A cada bendición, contestamos juntos:

Amén.

A continuación, el sacerdote o el diácono nos despide, diciéndonos que marchemos en paz. Le respondemos diciendo:

Demos gracias a Dios.

Concluding Rite

The priest blesses us. To each blessing, I answer with everyone:

Amen.

Then the priest or deacon tells us to go in peace. We respond by saying:

Thanks be to God.

El amor de Dios es eterno

Puedo volver a celebrar de nuevo el sacramento de la Reconciliación cuando peque.

Puedo celebrar el regalo del perdón de Dios a cualquier hora y tantas veces como quiera.

Puedo celebrar el sacramento de la Reconciliación una y otra vez.

God's Love Is Forever

I can celebrate the Sacrament of Reconciliation again when I sin.

I can celebrate God's gift of forgiveness any time and as many times as I want.

I can celebrate the Sacrament of Reconciliation over and over again.

Ahora es tu turno de colorearme.

It's your turn to color me.

Oración

Gracias, Dios mío,

por darme el sacramento de la
Reconciliación

como señal de tu amor y presencia

en mi vida.

Prayer

Thank you, God,

for giving me the Sacrament of
Reconciliation

as a sign of your love and presence

in my life.